LA

CRIMINALITÉ

DANS

LE DÉPARTEMENT DU RHONE

SOCIÉTÉ D'ANTHROPOLOGIE DE LYON

— Séance du 27 mars 1885 —

LA CRIMINALITÉ

DANS LE DÉPARTEMENT DU RHONE

Étude statistique de 1825 à 1880

PAR

LE Dr COUETTE

LYON

IMPRIMERIE PITRAT AINÉ

4, RUE GENTIL, 4

—

1886

LA CRIMINALITÉ DANS LE DÉPARTEMENT DU RHONE

Le travail que j'ai l'honneur de communiquer à la Société d'anthropologie, est le fruit des recherches statistiques, auxquelles, pendant deux ans, je me suis livré dans le laboratoire de M. Lacassagne, sur la criminalité française depuis 1825, date des premières publications officielles sur la matière, jusqu'en 1880 inclusivement.

De pareilles recherches rentrent essentiellement dans le cadre des études anthropologiques. L'anthropologie, en effet, n'a pas ou ne devrait pas avoir seulement en vue l'étude materielle de l'homme, de ses caractères anatomiques, mais encore et surtout de ses aptitudes cérébrales, et de sa moralité. Ainsi comprise, cette science présente une portée beaucoup plus haute, et vient se ranger dans le groupe des sciences économiques et sociologiques.

Telle est l'anthropologie criminelle. Née d'hier, celle-ci a pris aussitôt un grand essor et, semblable au philosophe qui démontrait le mouvement en marchant, elle a imposé son droit de cité par les résultats qu'elle a déjà fournis. C'est surtout en Italie et en France qu'on s'est lancé avec ardeur dans cette nouvelle voie, si féconde en recherches intéressantes, sous la direction de maîtres tels que Lombroso, Sormani, E. Ferri, et Lacassagne.

Pour nous, laissant à d'autres le soin de mesurer la taille ou les angles faciaux des diverses populations de la France, nous avons abordé la démographie de notre pays par un de ses côtés les plus intéressants, nous voulons dire l'évolution et la répartition de sa criminalité, c'est-à-dire, en somme, de sa moralité.

Les résultats que nous apportons ici constituent la part contributive du département du Rhône dans cette criminalité, l'étude du rôle qu'il a joué dans ce grand drame, dont les sessions de cours d'assises forment les actes et les tableaux successifs.

Ne voulant pas abuser de la bienveillance de la Société, ni encombrer trop longtemps son ordre du jour, déjà si chargé, je crois bon d'entrer directement en matière sans m'étendre sur les considérations préliminaires qui seraient indispensables à un travail de cette nature.

Cependant, quelques détails généraux sur notre *modus faciendi* sont nécessaires à la compréhension des chiffres nombreux et fastidieux que nous devons faire défiler sous vos yeux.

Nos renseignements ont été puisés aux sources officielles, les *Comptes rendus de la justice criminelle*, publiés chaque année par le garde des sceaux. Nous y avons trouvé, répartis par départements, les chiffres annuels de la criminalité générale, divisés d'abord en deux grandes catégories, les crimes contre les personnes, et ceux contre les propriétés, subdivisés ensuite entre les diverses espèces de crimes dénommés par le code. Nous avons obtenu de la sorte pour chaque département le nombre de chaque crime qui y avait été jugé de 1825 à 1880.

Cette période totale de 56 années a été partagée en quatre périodes partielles de 14 années chacune, ce qui nous a permis d'étudier la marche et les fluctuations périodiques de chaque espèce criminelle pour la France entière et pour les départements en particulier.

Mais le chiffre absolu de la criminalité est un très mauvais terme de comparaison. Quel rapprochement fructueux peut-on faire en effet entre le nombre des crimes commis dans la Seine, qui a plus de 2 millions d'habitants, et ceux de la Lozère ou des

Hautes-Alpes, dont la population atteint à peine le chiffre de 120 à 130.000? Il n'y a pas là matière à conclusion.

Nous avons donc cherché un chiffre proportionnel qui fût comparable d'un département à un autre, et, pour cela, nous avons dû diviser le nombre absolu des crimes par la population moyenne du département pendant la période. Nous avons eu ainsi un nombre déterminé de crimes pour une moyenne fixe d'habitants, 10.000 par exemple. Cette population moyenne a été déterminée très simplement de la façon suivante : les recensements ayant été faits tous les cinq ans, il se trouve que l'un d'eux correspond toujours assez exactement avec la partie médiane de chacune de nos périodes, et exprime d'une façon très rapprochée la population moyenne pendant ces 14 années. C'est ainsi que le recensement de 1832 nous donne le chiffre moyen d'habitants pour la première période, qui s'étend de 1825 à 1838; celui de 1846, la population de la deuxième période, de 1839 à 1852 ; ceux de 1861 et de 1872, celles des troisième et quatrième périodes, qui vont de 1853 à 1866 et de 1867 à 1880.

Nous devons signaler ici une très légère cause d'erreur, sans grande importance en l'espèce, d'ailleurs, car elle se répartit uniformément sur tous nos départements. La voici : le recensement de 1861 est postérieur de deux ans au milieu de la période correspondante ; or, la population ayant crû dans une certaine mesure, les chiffres de 1861 sont un peu supérieurs à la moyenne réelle pendant la période, et, par suite, les chiffres proportionnels, quotients de la division, sont un peu plus faibles qu'ils ne devraient être. D'autre part, le recensement de 1872, fait aussitôt après la guerre de 1870 1871, ne représente pas très exactement la population moyenne de 1867 à 1880 ; il lui est un peu inférieur, d'où, par contre, le léger excès du chiffre proportionnel. Il nous suffira d'avoir signalé ces deux faits, et d'en tenir compte à l'occasion.

Disons tout de suite, que, pour le Rhône, ces quatre recensements fournissent les chiffres suivants : 434.400, — 545.600.

— 662.500, — 670.200. Enfin, pour avoir la moyenne de la population pendant les 56 années, nous avons pris la moyenne arithmétique entre ces quatre recensements, et, pour le Rhône, nous avons trouvé comme population moyenne le chiffre de 578.200 habitants.

Une dernière opération a été la comparaison des chiffres proportionnels fournis par chacun des départements, et l'établissement d'une sorte d'échelle de la criminalité dans laquelle les plus mal partagés occupent les premiers numéros.

Ceci dit, entrons en matière.

CRIMINALITÉ GÉNÉRALE. — De 1825 à 1880, le nombre total des affaires criminelles déférées aux assises du département du Rhône est de 4.133, soit environ 74 par année. Ce chiffre témoigne de l'activité du Parquet et des magistrats dans une ville comme la nôtre. Il se divise de la façon suivante entre les quatre périodes partielles : 1° 1.103 ; 2° 1.169 ; 3° 929 ; 4° 932. La courbe en serait assez irrégulière, et représenterait une légère exacerbation à la deuxième période, suivie d'une défervescence brusque à la troisième, et enfin d'un état stationnaire à la quatrième. Pourtant le résultat final serait assez favorable, puisque la dernière période fournit par rapport à la première, une diminution de 15 1/2 pour 100.

Mais l'examen des chiffres proportionnels est bien plus instructif et nous montre une assez grande régularité dans l'évolution de cette criminalité générale. La cause en est dans l'accroissement incessant et assez rapide de la population. Pour 10.000 habitants, nous avons en moyenne à la première période 25,39 crimes ; 21,42 à la deuxième ; 14,02 à la troisième et 13,90 à la quatrième. Si, comme nous venons de le dire, nous remarquons que le chiffre de la troisième période est un peu faible, celui de la quatrième un peu fort, nous en conclurons que le mouvement de décroissance a été continu et assez régulier. Toutefois il est surtout marqué à la troisième période, et s'est notablement ralenti à la quatrième, ce qui peut s'expliquer par les conditions générales de ces deux époques : la première est caractérisée par le calme intérieur, le développement rapide et la prospérité du commerce et de l'industrie, tandis que la seconde est marquée au contraire par les désastres de l'année terrible, l'agitation politique intérieure, et un certain malaise économique.

Mais en somme, le résultat est bon : de la première à la dernière période, la criminalité a diminué dans une proportion de plus de 45 pour 100.

Si nous comparons ces chiffres à ceux que, dans les mêmes conditions, on obtient pour la France entière, nous verrons que la criminalité générale de la France a également diminué avec une assez grande vitesse, moindre pourtant que celle du Rhône. A la première période, nous trouvons en effet, pour un total de 75.387 crimes, la moyenne de 23,15 pour 10.000 habitants ; à la deuxième période, ce n'est plus que 21,04, avec 74,507 crimes ; plus que 15.64 à la troisième période, avec 58.506 crimes ; et enfin 13,48 seulement à la quatrième, pour un total de 49.908 crimes. De la première à la quatrième période, il y a diminution de 41 pour 100, au lieu de 45 dans le Rhône.

Les chiffres de ce département ont oscillé périodiquement autour de la moyenne générale : supérieurs à la première période, ils lui sont presque égaux à la deuxième et à la quatrième, et notablement inférieurs à la troisième.

Cette amélioration, relativement rapide dans le département du Rhône, s'exprime également par son rang de classement à chaque période : 20e à la première, il est 31e à la deuxième, seulement 48e à la troisième et redevient 29e à la quatrième période. C'est qu'en effet la diminution de la criminalité en France, pour avoir été moindre que dans le Rhône en particulier, n'en a pas moins suivi une marche plus uniforme, et, si la troisième période ne voit pas une chute aussi rapide, la quatrième, par contre, ne subit pas un ralentissement aussi prononcé.

Pendant la période totale, nous trouvons dans le Rhône,

pour 10.000 habitants, une moyenne de 71,48 crimes, au lieu de 72,56, chiffre moyen de la France. Le rang de classement du Rhône est 32e pour cette période.

Jetons maintenant un coup d'œil sur les cartes de répartition de la criminalité générale. Sans vouloir étudier en détail les causes locales et générales de cette criminalité, chose que nous réservons pour une publication ultérieure, nous reconnaissons cependant qu'elle est influencée tout spécialement par certaines conditions de milieu : tels sont le climat, la race, le développement de l'industrie et les agglomérations urbaines. C'est ainsi que les foyers principaux de criminalité sont la Provence, la vallée de la Seine et l'Alsace. En Provence, il y a lieu d'incriminer le climat, la race et le tempérament des individus, l'infiltration continue et profonde de la population par l'élément italien, qui ne nous apporte certes pas ce qu'il y a de plus moral dans un pays où les crimes, surtout ceux contre les personnes, se produisent avec une fréquence effrayante *(voir les publications du docteur Bournet sur la criminalité italienne)*. Dans la Seine et l'Alsace au contraire, ce qui augmente la criminalité, c'est le développement de l'industrie, ce sont les agglomérations urbaines avec leur population interlope, et toutes les causes de démoralisation qui leur sont inhérentes.

Eh bien ! ces causes principales de criminalité nous les retrouvons dans le département du Rhône, et pourtant son chiffre de criminalité est au-dessous de la moyenne. C'est là un fait curieux d'autant plus honorable pour notre département, qu'il est à peu près exceptionnel et unique en son genre. A quoi pourrait-on l'attribuer?

Serait-ce dû aux erreurs inévitables des comptes rendus, concernant les crimes *inconnus* d'une part, et, d'autre part, les crimes *connus mais non jugés?* Mais alors pourquoi admettre une plus forte proportion de crimes *inconnus* dans le Rhône que dans les autres départements? Pareille supposition serait purement gratuite; et d'ailleurs il faut bien se pénétrer de cette idée que ces crimes, qui passent *inaperçus*, sont une très infime minorité.

Pour les crimes *connus et non jugés*, quel qu'en soit le motif, il n'en est pas tout à fait de même. Certains faits récents, vivement commentés par la presse, pourraient faire croire que leur nombre est assez élevé. Mais ce ne sont que des apparences. D'ailleurs, comment supposer que de 1825 à 1880, la police lyonnaise soit constamment restée plus impuissante que celles, non pas seulement de Paris, mais de Marseille, de Bordeaux, de Rouen, etc. Pourquoi dans les campagnes du Rhône les criminels de toute nature, meurtriers, violateurs, voleurs, incendiaires échapperaient-ils plus souvent au châtiment que ceux de la banlieue parisienne, de l'Alsace ou de la Provence? Que cela se produise accidentellement, passe encore; mais pendant 56 années consécutives c'est tout à fait inadmissible.

Il faut chercher ailleurs les véritables motifs de cette faible criminalité dans le Rhône, et pour nous il y en a 3 principaux :

1° Le genre d'industrie qui domine dans le département, le tissage de la soie. Les professions s'y rattachant nécessitent généralement chez ceux qui s'y livrent une existence sédentaire, la vie de famille, et par suite assurent un degré de moralité qu'on ne trouverait pas dans beaucoup d'autres professions.

2° La prospérité économique du département qui s'accuse par deux signes sensibles, l'augmentation rapide de la population et la diminution correspondante de la criminalité; elle agit en amenant l'aisance et l'instruction chez un plus grand nombre d'individus.

3° Enfin peut-être y a-t-il là aussi une question de race et de milieu, car nous voyons sur nos cartes que les départements avoisinant le Rhône, et qui lui fournissent la plus grande partie de ses immigrants, sont tous de teinte plus ou moins claire, c'est-à-dire caractérisés par une faible criminalité.

Nous allons voir maintenant comment se décompose cette criminalité générale.

CRIMES CONTRE LES PERSONNES ET CRIMES CONTRE LES PROPRIÉTÉS. — D'abord, conformément au mode adopté par les *Comptes rendus*, nous la diviserons en *crimes contre les personnes* et *crimes contre les propriétés*. Ce n'est pas que cette division soit irréprochable, mais nous n'avons pas ici à en discuter la valeur. Disons seulement que si la catégorie des crimes contre les propriétés comprend des espèces assez analogues, il n'en est pas de même pour les crimes contre les personnes. Ceux-ci pourraient-être subdivisés avantageusement en plusieurs genres différents et souvent opposés quant à leurs caractères, les conditions de leur production et leur évolution périodique.

Nous croyons inutile de définir ce que l'on entend par *crimes contre les personnes* et *crimes contre les propriétés* : leur dénomination est par elle-même une excellente définition. Nous dirons seulement qu'il faut ne pas perdre de vue que les crimes contre les personnes comprennent non seulement les attentats contre la vie ou la santé des individus, mais encore ceux qui atteignent plus ou moins l'honneur ou la moralité, comme les viols, la subornation; cette notion est importante en ce sens que, comme nous le verrons, ces divers genres de crimes ont une marche toute différente.

Les crimes contre les propriétés forment un groupe beaucoup plus naturel, dont les diverses espèces présentent une grande analogie de nature et une évolution très comparable.

De 1825 à 1880, le nombre total des crimes contre les personnes a été dans le Rhône de 1419, et celui des crimes contre les propriétés de 2714, près du double par conséquent. C'est une proportion, pour 10,000 habitants, de 24,54 crimes contre les personnes, et 46,93 contre les propriétés, qui fait classer le Rhône 27ᵉ pour ceux-ci et 46ᵉ pour ceux-là. Ce département est donc favorisé surtout au point de vue des crimes contre les personnes, sans que les autres cependant soient dans une proportion bien élevée.

En effet, pendant ces 56 années, et pour la France entière,

nous trouvons une moyenne de 26,00 crimes contre les personnes, pour 10,000 habitants, et 46,55 crimes contre les propriétés. Le premier chiffre est notablement supérieur à celui du Rhône, et le dernier, au contraire, lui est très légèrement inférieur. Donc, encore une fois, c'est surtout pour les crimes contre les personnes que le Rhône présente la moindre criminalité.

Nous pourrions répéter à ce sujet ce que nous disions précédemment des conditions de production de la criminalité générale dans certains départements, et dans le Rhône en particulier. Ainsi, sur la carte de répartition des crimes contre les personnes, nous voyons que les circonstances les plus défavorables sont créées tout particulièrement par le climat et la race, et aussi par les agglomérations urbaines et le développement de l'industrie. C'est ainsi que tout le Midi, surtout au voisinage de l'Italie, est en noir, et qu'on retrouve encore cette teinte dans l'Ile-de-France, dans la région qu'on pourrait appeler *Parisienne*, car elle subit, au point de vue de la criminalité, l'influence directe et prépondérante de la capitale.

Par sa situation géographique, sa nombreuse colonie italienne et méridionale, le développement de son industrie et la présence d'une grande ville comme Lyon, qui compte à elle seule près des 2/3 de la population totale du département, le Rhône semblerait donc appelé à avoir une criminalité contre les personnes assez élevée. Pourtant il n'en est rien : nous l'avons trouvé au-dessous de la moyenne générale, et parmi la dernière moitié des départements, son rang de classement étant 46e.

Chose curieuse, tous les départements qui environnent le Rhône présentent une criminalité contre les personnes excessivement faible; aussi, sur la carte, la région lyonnaise se fait elle remarquer par sa teinte claire uniforme, dont le Rhône occupe le centre.

Pour ce qui est des crimes contre les propriétés, les causes productives principales sont différentes. Ici, ce qui joue le rôle prépondérant, c'est tout particulièrement le développement de l'industrie et du commerce, l'agglomération des individus en cités populeuses et manufacturières. Aussi voit-on sur la carte, en teinte foncée, une immense région occupant toute la vallée de la Seine, et reconnaissant Paris pour centre et capitale. Le climat et la race ne semblent pas avoir une influence bien marquée sur ce mode de criminalité.

L'influence primordiale de la grande ville, de l'industrie et du commerce, se fait incontestablement sentir dans le département du Rhône, puisque sa teinte est ici légèrement foncée. Pourtant on peut dire qu'il offre à ces causes dépressives une grande force de résistance, car, malgré tout, son chiffre est à peine supérieur de quelques centièmes au chiffre moyen de la France entière. Cela tient probablement, comme nous le disions plus haut, à son genre d'industrie et au caractère de la population, qui se recrute en grande partie parmi les départements voisins, remarquables eux-mêmes par leur très faible criminalité contre les propriétés.

Par des courbes représentant les variations annuelles des crimes contre les personnes et contre les propriétés, M. Lacassagne a montré que leur nombre absolu avait suivi une marche toute différente. Tandis que les premiers augmentaient dans une assez faible proportion, les seconds au contraire diminuaient avec une grande rapidité.

Plus encore que les nombres absolus, les chiffres proportionnels sont ici remplis d'enseignements intéressants. Ils nous montrent, pour les crimes contre les personnes, un état stationnaire aussi curieux que désolant, et pour ceux contre les propriétés une décroissance plus rapide encore que ne l'indiquent les nombres absolus, et cela grâce à l'accroissement continu de la population.

C'est ainsi qu'en France, pendant les quatre périodes successives, nous trouvons pour 10.000 habitants 6.26 – 6.99 — 6,51 — 6.22 crimes contre les personnes. Ne semble-t-il pas que nous soyons voués fatalement à ce chiffre 6? Ne pouvant discuter ici les variations de cette criminalité, ses déplacements périodiques indiqués par nos cartes, nous allons voir quels sont les résultats fournis par le Rhône. Il suit, on peut le dire, une marche presque exactement parallèle à celle de la France, avec très légère accroissance cependant. On y trouve successivement les chiffres de 253, puis 336, 419, enfin 411 crimes contre les personnes, soit 5.82—6.15—6.32—6.13 pour 10.000 habitants.

Nous restons constamment au-dessous de la moyenne générale, avec tendance à nous en rapprocher peu à peu. A part ce détail, les deux courbes sont identiques. Aux quatre périodes, le classement du Rhône est favorable : il est successivement 38e, 51e, 43e et 41e, enfin 46e au classement général.

Quant aux crimes contre les propriétés, nous en trouvons en France pour 10.000 habitants 16.88 à la 1re période, 14.05 à la 2e, 9.13 à la 3e et 7.25 à la 4e. Le mouvement de décroissance est rapide et régulier, surtout si nous songeons que le chiffre de la 3e période est un peu trop faible et celui de la 4e un peu trop fort, comme nous l'avons expliqué précédemment. En tous cas, de la 1re à la 4e période, il y a diminution de 57 pour 100 sur le nombre des crimes contre les propriétés.

Dans le Rhône, l'évolution en est un peu différente. On y trouve successivement 850—833—510—521 crimes contre les propriétés, soit, pour 10.000 habitants, les chiffres proportionnels de 19.56—15.26—7.69 et 7,77. La ligne de descente est assez irrégulière : d'abord beaucoup au dessus de la moyenne à la 1re période, elle s'en rapproche vite à la 2e, et tombe si brusquement à la 3e, qu'elle se place bien au dessous de cette moyenne, puis, grâce à l'état stationnaire du Rhône à la 4e période, pendant que la France continue à s'améliorer, il redevient supérieur à cette moyenne, mais seulement de quelques centièmes.

Ces hauts et ces bas du département sont indiqués également par ses divers numéros de classements : 14e à la 1re période, 23e à la 2e, 48e à la 3e, et 20e à la 4e. Pour la période totale, il arrive 27e.

En résumé, les crimes contre les propriétés ont diminué dans le Rhône de 60.4 pour 100, au lieu de 57 pour 100 dans la France entière. L'amélioration est surtout marquée à la 3e période dont le chiffre est moitié de celui de la 2e, et seulement un tiers de celui de la 1re. Malheureusement il y a état stationnaire, sinon légère recrudescence à la 4e et dernière période.

Quelles sont les causes véritables de ces deux irrégularités d'évolution? Il serait difficile de préciser. Pourtant on peut émettre l'idée qu'elles sont dues aux conditions économiques générales du département du Rhône à la 3e, puis à la 4e période : celle-là serait marquée en effet par un état prospère de l'industrie et du commerce lyonnais, tandis qu'il y aurait plutôt stagnation relative et malaise des affaires pendant la période troublée qui s'étend de 1867 à 1880.

Nous terminerons ici par quelques considérations sur la proportion respective des crimes contre les personnes et de ceux contre les propriétés dans le Rhône et pour la France entière.

Dans cet ordre d'idées, les résultats sont des plus caractéristiques, et une carte de répartition pour cette criminalité proportionnelle nous permet d'énoncer les lois suivantes, qu'on peut considérer comme à peu près sans exception :

1° La proportion des crimes contre les personnes est d'autant plus élevée que l'on se rapproche davantage du midi de la France et spécialement de la frontière italienne.

2° Elle est d'autant moins élevée que le département considéré renferme une grande ville plus populeuse, commerçante et manufacturière.

C'est ainsi que la Corse d'un côté, la Seine de l'autre, se trouvent tout à fait en dehors et à une grande distance des résultats moyens fournis par les autres départements, la première avec 82.34 crimes contre les personnes sur 100 crimes, et la seconde avec seulement 20,22.

Une ligne oblique partageant la France en deux moitiés égales et se dirigeant du nord est au sud-ouest, laisse au-dessus d'elle à peu près tous les départements où la proportion des crimes contre les personnes est faible et au dessous ceux où cette proportion est élevée.

Pour la France entière, et de 1825 à 1880 (car la proportion a varié considérablement aux périodes successives) on trouve une moyenne de 35,84 crimes contre les personnes sur un total de 100 crimes. Dans le Rhône, il est naturel que les deux lois énoncées ci-dessus exercent leur effet pour se contre-balancer réciproquement. En effet, le Rhône se rapprochant par sa situation géographique de la région sud est, devrait avoir une forte proportion de crimes contre les personnes. Mais la présence d'une grande ville comme Lyon neutralise et au delà ce résultat, d'où la proportion qu'on trouve dans ce département. de 34,33 crimes contre les personnes sur 100 crimes.

La proportion moyenne étant de 35,84, on voit que le Rhône est de 1 1/2 au-dessous de la moyenne, et son rang de classement est ici 63e, c'est-à-dire dans le dernier tiers. Ce résultat est dû incontestablement à l'influence de la grande ville de Lyon.

Le tableau suivant permettra de comparer les chiffres du Rhône avec ceux de la France entière, et résumera brièvement les considérations que nous venons d'énoncer :

PROPORTION POUR 10.000 HABITANTS

		1re PÉRIODE	2e PÉRIODE	3e PÉRIODE	4e PÉRIODE	PÉRIODE TOTALE
Criminalité générale.	Rhône. .	25,39	21,42	14,02	13,90	71,48
	France. .	24,15	21,04	15,64	13,48	72,56
Crimes-personnes.	Rhône. .	5,82	6,15	6,32	6,13	24,54
	France. .	6,26	6,99	6,51	6,22	26,00
Crimes-propriétés.	Rhône. .	19,56	15,26	7,69	7,77	46,93
	France. .	16,88	14,05	9,13	7,25	46,55

Nous venons de voir que, d'une part, les crimes contre

les personnes sont restés stationnaires en France de 1825 à 1880, abstraction faite, bien entendu, des oscillations annuelles, et que, d'autre part, les crimes contre les propriétés sont allés constamment en diminuant dans une assez forte proportion.

'ai indiqué aussi que cette grande catégorie des crimes contre les personnes comprenait des crimes fort différents par leur nature, leurs mobiles, leur évolution périodique, et leur répartition départementale. Pour une étude détaillée de ce mode de la criminalité, il est par suite nécessaire de diviser les crimes contre les personnes en plusieurs groupes distincts : nous verrons de la sorte que cet état stationnaire de la criminalité contre les personnes n'est que le résultat d'une sorte d'équilibre, de mouvement de bascule, par lequel certains crimes diminuent dans une certaine proportion, quand d'autres augmentent dans une proportion équivalente.

A ce point de vue, nous pouvons distinguer d'une part les crimes qui portent atteinte à la vie ou à la santé des individus, et, d'autre part, ceux qui résultent de la brutalité des passions sexuelles, et attentent à l'honneur ou à la moralité. Parmi les premiers nous trouvons les *assassinats*, les *meurtres*, les *coups et blessures* graves ou ayant entraîné la mort, sans intention de la donner, les *parricides*, les *blessures envers ascendants*, les *empoisonnements* et les *infanticides*. Mais ces deux derniers présentent des caractères tout à fait spéciaux, qui nous les feront étudier à part.

Quant aux autres, ils ont entre eux une réelle analogie, et nous les étudierons ensemble sous la dénomination de *crimes de sang*, en faisant remarquer toutefois les caractères qui les différencient à plusieurs égards.

Crimes de sang. — Ces crimes de sang constituent une sorte d'échelle de gravité, qui s'étend depuis les simples délits jusqu'aux plus épouvantables forfaits. Le code définit chacun d'ex de la façon suivante :

L'*assassinat* est l'homicide volontaire, commis avec préméditation ou guet-apens.

des femmes, depuis la fameuse Locuste jusqu'à Mme Lafarge et l'empoisonneuse actuelle de Leyde, en passant par la sorcière de Théodora, celles du moyen âge et la Brinvilliers, ou bien des individus comme le médecin La Pommeraye et le pharmacien Danval.

La répartition départementale en est assez irrégulière, et ne permet guère de considération générale. Pourtant il semble que ce crime soit assez rare dans les grandes villes, qu'il recherche plutôt les départements pauvres et agricoles, surtout ceux des régions montagneuses du midi de la France. Cévennes et Dauphiné.

Les empoisonnements sont donc rares dans le Rhône, comme d'ailleurs dans la Seine, le premier étant 82me et la seconde 84me au classement général.

Dans le Rhône on ne trouve en cinquante-six ans, que 14 empoisonnements, répartis ainsi : 5 à la première période, 3 à la deuxième, 4 à la troisième, et 2 à la quatrième, soit, pour 10.000 habitants, 0,11, 0,05, 0,06, 0,02, et 0,24 à la période totale.

Les chiffres correspondants sont, pour la France, de 0,13, 0,13, 0,10 et 0,06, c'est-à-dire toujours et notablement supérieurs à ceux du Rhône. En réunissant la première et deuxième période d'un côté, la troisième et la quatrième d'un autre, on trouve, pour le Rhône, le rang de classement très avantageux de 74me puis 75me.

En résumé, les empoisonnements ont été d'une excessive rareté dans le département du Rhône depuis 1825 ; en outre ils n'ont cessé de décroître depuis lors dans une proportion plus forte encore que celle pour la France entière.

Infanticides. — L'étude des *infanticides* donne lieu à des considérations tout à fait particulières, tant au point de vue de sa nature, que des conditions sociales qui l'influencent, et du degré de criminalité qui lui est propre. L'accusé n'est pas ici un criminel ordinaire ; les passions qui le font agir ne sont presque jamais celles qui poussent aux crimes dont nous

Le *meurtre* est l'homicide volontaire, commis sans préméditation ni guet-apens.

Viennent ensuite les *coups et blessures* volontaires ayant entraîné la mort sans intention de la donner. Si cette intention avait existé, ce serait un meurtre ou une tentative de meurtre Il ne faut pas confondre non plus ce genre de crimes avec les *homicides par imprudence*, qui sont considérés comme simples délits, et qu'on pourrait définir : coups et blessures *involontaires* ayant entraîné la mort : c'est un simple accident dont l'auteur, nullement criminel, n'est responsable que devant les tribunaux correctionnels.

Enfin, en dernier lieu, nous trouvons les *coups et blessures graves*, ayant entraîné une incapacité de travail de plus de vingt et un jours, limite fixée par la loi. Au-dessous de vingt et un jours, les blessures sont *légères*, et passibles de simples peines correctionnelles.

L'homicide volontaire commis sur un ascendant avec ou sans préméditation ou guet-apens, est qualifié *parricide*. Les *coups et blessures envers ascendant* se définissent d'eux-mêmes.

Un exemple très simple va faire ressortir les différences et les points de contact de ces crimes.

Un coup de couteau ayant été donné, si la blessure est légère, il n'y aura que délit, et le coupable ne passera pas aux assises. Il y sera déféré au contraire sous l'inculpation de *coups et blessures graves*, si l'incapacité de travail du blessé est de plus de vingt et un jours. Si, à la suite de cette blessure, la mort survient du fait de la blessure, il y aura *coups et blessures ayant entraîné la mort* ou bien *meurtre*, selon que l'instruction démontrera que l'inculpé a eu ou non l'intention de donner la mort. Le fait était-il précédé de guet-apens ou préméditation ; le coupable sera un *assassin*.

Enfin, si la victime était un ascendant de l'accusé, il y aura *parricide* ou seulement *blessures envers ascendant*, selon que la mort aura suivi ou non le coup de couteau.

Tels sont les *crimes de sang*. Ils ont généralement pour mobiles principaux la haine, l'envie, la jalousie, la vengeance, la colère, la cupidité, toutes passions qui, pour entraîner l'accomplissement d'actes criminels, doivent agir sur des individus prédisposés, soit par leur tempérament, soit par des causes accidentelles comme l'ivresse, certaines affections mentales, etc.

Une étude complète de la criminalité devrait mettre en évidence l'influence effective de chacune de ces causes occasionnelles et prédisposantes, inhérentes à l'individu, en même temps que celle des conditions du milieu, physiques ou économiques, dans lequel il vit. Mais le cadre de notre travail nous interdit les longues et minutieuses considérations, et nous devons nous borner à montrer ici les résultats statistiques fournis d'une part par le département du Rhône, et, d'autre part, par la France entière prise comme terme de comparaison.

En France, d'une façon générale, les crimes de sang ont été constamment en diminuant depuis 1825 jusqu'en 1880. Le mouvement de décroissance est plus ou moins rapide, plus ou moins régulier selon le crime considéré, mais on peut dire qu'il est d'autant plus fort que le crime présente en lui-même un moindre caractère de gravité. C'est ainsi que nous verrons les assassinats diminuer moins que les meurtres, ceux-ci moins que les coups et blessures graves ou suivis de mort. De même pour les parricides et blessures envers ascendant. Nous les avons réunis en un seul groupe à cause de leur caractère évident de parenté et aussi à cause de leur petit nombre annuel. Si l'ensemble des deux a diminué, comme nous le verrons, cela tient à peu près exclusivement à la diminution des coups et blessures ; mais les parricides ont, comme les assassinats ordinaires, montré une remarquable fixité dans leur nombre, et diminué dans une très minime proportion.

Voyons en particulier comment se comporte chacun de ces crimes.

Le nombre des *assassinats* a peu varié en France de 1825

à 1880. A chacune des périodes partielles de quatorze années, nous trouvons successivement 2.814, 3.274, 2.662, 2.785 crimes de cette nature, soit, pour 10.000 habitants, les chiffres moyens de 0,86, 0,92, 0,71, 0,75. Au total, pour les cinquante-six années, c'est 11,535 assassinats commis et jugés, et 3,23 pour 10.000 habitants.

Il y a presque état stationnaire, avec quelques oscillations périodiques, ascendante pour la deuxième période, descendante au contraire pour la troisième. La diminution est minime, et seulement de 13 pour 100 entre la première et la quatrième périodes.

Les *meurtres* ont diminué dans une plus forte proportion, 41 1/2 pour 100, de la première à la dernière période. Leur marche d'ailleurs n'est pas la même : après avoir diminué rapidement à la deuxième période et surtout à la troisième, il se produit à la quatrième une recrudescence sérieuse, ainsi qu'en témoignent les chiffres suivants : 3.039 à la première période, 2.423 à la deuxième, 1.477 à la troisième, et 2.026 à la quatrième, ou bien encore, pour 10.000 habitants, les nombres proportionnels de 0,93, 0,68, 0,39 et 0,54.

Pour la période totale, c'est 8.965 meurtres, et 2,51 pour 10.000 habitants.

L'ensemble des *coups et blessures* accuse une diminution plus forte encore que celle des meurtres. De la première à la quatrième période, nous trouvons successivement 4.285, 4.131, 1.951, 1.741 coups et blessures, c'est-à dire, pour 10.000 habitants, 1,31, 1,16, 0,52, 0,46. La décroissance est constante : faible à la deuxième et à la quatrième périodes, elle est très marquée à la troisième dont le chiffre est inférieur à la moitié de celui de la deuxième. Mais enfin, entre notre première et notre dernière période, il y a eu diminution de plus de 64 pour 100.

Pour la période totale, nous avons 12.108 coups et blessures, donnant une proportion de 3,40 pour 10.000 habitants.

Les *parricides* et *blessures envers ascendant* ont aussi fortement diminué pendant le cours de ces cinquante-six années.

Nous en trouvons en France successivement 1.271, 1.505, 926, 630, donnant le total de 4.332. La proportion pour 10.000 habitants augmente légèrement à la deuxième période, puis diminue rapidement à la troisième et à la quatrième, elle passe de 0,39 à 0,42, puis 0,24, et 0,16, accusant une diminution finale de près de 57 pour 100, et un total de 1,21 pour 10.000 habitants.

Mais, nous le répétons, la diminution porte presque toute entière sur les coups et blessures envers ascendant, semblables en cela aux coups et blessures ordinaires, tandis que les parricides ont peu varié dans leur nombre.

Sans vouloir nous appesantir sur ces chiffres, nous ferons pourtant remarquer que, comme nous l'avons dit, il y a un instant, la diminution est réelle pour tous, mais d'autant plus marquée que le crime présente un moindre caractère de gravité. Il semble par suite que les modifications qu'a subies notre société dans ses conditions générales d'existence, depuis 1825, aient eu pour résultat moins d'amender les individus, leurs prédispositions naturelles au crime, que le milieu dans lequel ils vivent et qui leur fournit d'habitude la cause occasionnelle du crime. Il est facile de comprendre en effet que les causes attenant au milieu social ont, plus que celles inhérentes au tempérament des individus, une influence marquée sur les crimes de sang de moindre gravité, et inversement.

Une autre remarque générale, c'est que la troisième période, celle qui va de 1853 à 1866, est toujours de beaucoup la plus favorable, tandis que la deuxième et surtout la quatrième le sont beaucoup moins. Ces deux dernières ont seules présenté parfois une légère recrudescence, et toujours un ralentissement dans la diminution.

Nous ne pouvons rechercher ici les causes probables de cette particularité, que nous nous contentons de signaler, et que nous retrouverons d'ailleurs pour presque tous les crimes.

Voyons quels résultats fournit le Rhône.

Les assassinats y sont restés constamment inférieurs en

nombre aux chiffres moyens pour la France entière : 30 à la première période, 41 à la deuxième et 44 pour chacune des deux dernières. Pour 10.000 habitants, c'est une proportion de 0,69, 0,75, 0,66, 0,65, faisant classer le Rhône successivement 49me, 46me, 34me et 43me.

Nous constatons une remarquable fixité dans ces chiffres, avec maintien permanent au-dessus de la moyenne, tendance imperceptible à la diminution, et légère recrudescence à la deuxième période.

Pour la période totale, nous trouvons 159 assassinats dans le Rhône, soit 2,74 pour 10.000 habitants. Le Rhône arrive 43me, juste au milieu des autres départements.

Pour les meurtres, le résultat est plus favorable encore, le Rhône n'étant que 51me, avec 1,79 crimes pour 10.000 habitants, et un total de 104 meurtres. Ils se répartissent de la façon suivante à chaque période : 31 à la première, 16 à la deuxième, 22 à la troisième, et 35 à la quatrième, soit, pour 10.000 habitants 0,71, 0,29, 0,33, 0,52.

Nous devons remarquer deux choses, d'abord que la diminution définitive est moindre que pour la France entière, et seulement de 36 pour 100 ; ensuite, qu'après une diminution excessive à la deuxième période, ce mode de la criminalité n'a cessé de s'accroître dans notre département avec une vitesse assez grande.

Pourtant chacun des chiffres partiels est plus ou moins au-dessous de la moyenne, et le rang de classement du Rhône reste favorable : 43me à la première période, 75me à la deuxième, 46me à la troisième, et 32me à la quatrième où il atteint presque le chiffre moyen de la France.

Nous ne résistons pas au plaisir de citer ici, à titre de curiosité presque tératologique pour nous autres Français, les résultats fournis par la Corse pour les assassinats et les meurtres, ces crimes de sang par excellence. On pourra les comparer à ceux que nous signalait le docteur Bournet, il y a quelque temps, à propos de la criminalité italienne.

Nous trouvons en Corse, de 1825 à 1880, pour 10.000 habitants, 51,25 assassinats et 67.25 meurtres; la France continentale seule n'aurait que 2,90 assassinats et 2,10 meurtres dans ce même laps de temps. Ainsi donc la Corse a fourni dix-huit fois plus d'assassinats et trente-deux fois plus de meurtres que le reste de la France. Ce département de mœurs si italiennes, est tout à fait hors de pair, et dépasse dans une proportion inouie les départements français les moins favorisés sous le rapport des crimes de sang. Le résultat est le même à peu près à chaque période partielle; mais celle qui va de 1839 à 1852 est tout particulièrement remarquable : on y trouve le chiffre monstrueux de 633 meurtres, sur un total général de 2.423; c'est-à-dire que la Corse fournit alors plus du tiers des meurtres commis dans le reste de la France. La proportion est de 27.48 meurtres pour 10.000 habitants, pour cette deuxième période, quand la France continentale donne un chiffre cinquante-cinq fois moindre, et à peine égal à 0,50.

Il est vrai que, depuis lors, une loi spéciale restreignant en Corse le port des armes dangereuses a fait baisser ce genre de criminalité; mais il reste encore et malgré tout incomparablement plus élevé que dans toute autre région de la France.

Revenons au département du Rhône. Les *coups et blessures graves* y ont diminué rapidement, moins pourtant que pour la France en général, et surtout moins régulièrement. De la première à la quatrième périodes, la décroissance est de 51 pour 100, au lieu de 64 pour 100 en France : la deuxième période est marquée par une légère recrudescence, suivie d'une diminution très grande à la troisième, et d'une nouvelle augmentation à la quatrième. Nous avons, pour 10.000 habitants, 0,94, puis 1,06, 0,39 et 0.46 crimes de cette nature, correspondant aux nombres de 41, 58, 26 et 31 par période partielle.

A chacune d'elles, le classement du Rhône est favorable puisqu'il est 57me d'abord, puis 40me, 50me, et encore 40me à la dernière période.

En résumé, diminution assez rapide de ce genre de crimes;

oscillations en haut et peu marquée aux deuxième et quatrième périodes, en bas et très considérable à la troisième. Pour la période totale, 156 coups et blessures, 2,69 pour 10.000 habitants, le Rhône occupant au classement le rang très honorable de 51me, exactement comme pour les meurtres.

Pour les *parricides et blessures envers ascendant*, nous allons constater un véritable triomphe du département du Rhône. C'est là où l'on trouve le minimum de ce genre de crime, car le Rhône est 86me et dernier au classement général, avec 20 crimes seulement pour cinquante-six années, soit une moyenne de 0,34 pour 10.000 habitants. Ce chiffre était pour la France entière de 1,21.

Cette criminalité si minime n'a pourtant cessé de décroître depuis 1825 et semble tendre à 0. Elle est de 11 crimes à la première période, 4 à la deuxième, 3 à la troisième, et 2 à la quatrième, c'est-à-dire 0,25, puis 0,07, 0,04, 0,02 pour 10.000 habitants. Aux périodes partielles, le Rhône, sans être dernier, occupe toujours un rang excellent : il est 69me, 84me, 83me, 82me.

Un rapide coup d'œil sur nos cartes de criminalité nous montre, pour les assassinats, une remarquable fixité dans la localisation des teintes sombres qu'on retrouve constamment et tout spécialement dans la région italienne du Sud-Est et un peu dans la haute Alsace et la vallée de la Seine, surtout à Paris. Le Rhône, géographiquement situé dans la région du Sud Est et si analogue à certains égards au département de la Seine, est cependant tout à fait épargné, car sa teinte est des plus claire.

Nous ferions, à propos des meurtres, la même remarque, avec une légère variante. Ce crime semble moins attenant à la frontière italienne; il s'en dégage un peu pour se répandre sur le littoral méditerranéen, et gagner les montagnes pauvres et sauvages des Cévennes et du haut Languedoc.

Ce mouvement de déplacement du maximum de la criminalité qui, des assassinats aux meurtres, s'est produit légèrement de l'Est à l'Ouest, s'accentue encore pour les coups et blessures. Les teintes sombres ont quitté la frontière italienne et le littoral méditerranéen, pour occuper presque exclusivement le massif central de la France (Auvergne et haut Languedoc), auquel nous devons ajouter la région Pyrénéenne, et certains départements aux habitudes alcooliques, aux mœurs rudes et violentes, tels que ceux de l'Alsace et de la Bretagne.

Ici encore le Rhône, si rapproché des départements à maximum de criminalité, reste presque indemne. Pourtant ce genre de crimes semble, beaucoup moins que les meurtres, épargner les grandes villes, car la Seine offre une teinte assez foncée, plus apparente encore par son isolement.

La répartition départementale des parricides et blessures envers ascendant est toute différente de celle des crimes précédents. Ce n'est plus le Midi qui, d'une façon générale, l'emporte, mais la moitié septentrionale de la France. La tache sombre s'étend horizontalement et presque sans interruption de l'Alsace à la Bretagne, la Seine seule étant relativement épargnée.

Ces crimes semblent avoir peu d'affinité pour les grandes villes, tandis que les départements pauvres, agricoles, peu avancés en civilisation sont les plus éprouvés. Inutile de dire que le Rhône est ici d'une blancheur immaculée.

Deux autres crimes peuvent être rapprochés des crimes de sang, tout en présentant d'importants caractères différentiels. Ce sont les *empoisonnements* et les *infanticides*.

Empoisonnements. — Les premiers sont essentiellement le crime de prédilection des faibles et des lâches, ou bien celui des adroits. Les uns ont assez de perversité pour concevoir un assassinat, sans avoir la force physique ou le triste courage de le mettre à exécution, les autres ne songent qu'au meilleur moyen d'échapper au châtiment. C'est ce que montre un rapide coup d'œil sur l'historique de ce crime. On y voit que l'empoisonnement est tout spécialement le fait du sexe féminin, d'une part, et d'autre part des classes sociales les plus cultivées : aussi les principaux criminels de ce genre ont-ils été venons de faire un rapide exposé, mais bien plutôt la honte, le désespoir, la misère. Aussi voit-on maint jury s'apitoyer sur le sort d'une fille-mère, et déclarer non coupable telle d'entre elles qui avoue son crime. Est-ce un bien? Est-ce un mal? Ce n'est pas ici le lieu de nous prononcer, non plus que sur l'influence si controversée de la suppression des tours.

L'*infanticide* est, selon la définition du Code, le meurtre d'un enfant nouveau né. Mais ce meurtre spécial n'a nullement suivi, depuis 1825, la marche habituelle des autres crimes de sang. Au lieu de diminuer plus ou moins rapidement, il n'a cessé de s'accroître dans une assez forte proportion, sauf peut-être à la dernière période, où il y a état stationnaire.

Nous trouvons en France, à la première période, 0,45 infanticides pour 10.000 habitants, 0,59 à la deuxième, 0.76 à la troisième, et enfin 0.73 à la quatrième. Au total, c'est 2,58 pour ce chiffre d'habitants, avec une augmentation de 60 pour 100 de la première à la quatrième période.

Dans le département du Rhône au contraire, ce crime a offert une tendance marquée, quoique irrégulière, à la diminution. L'on y trouve successivement 24, 21, 32 et 19 infanticides à chaque période, soit, pour 10.000 habitants 0,55, 0,38, 0,48 0,28. Sans l'augmentation relative de la troisième période il y aurait diminution constante; celle ci est d'ailleurs de 50 pour 100 de la première à la quatrième période, quand la France au contraire accusait une augmentation de 60 pour 100.

J'ai dit augmentation *relative* à la troisième période; en effet, elle n'empêche pas une amélioration réelle du département par rapport au reste de la France, car le rang de classement du Rhône qui était 32me à la première période, 67me à la deuxième, n'est plus que 77me à la troisième, pour arriver antépénultième ou 84me à la dernière période.

Avec une moyenne de 1,66 infanticides pour 10.000 habitants, en cinquante six ans, le Rhône est 78me pour la période totale.

Sur nos cartes de répartition des infanticides, on constate, chose curieuse, que ce crime qui a augmenté au lieu de diminuer comme les précédents, se répartit d'une façon toute différente. La région jusqu'ici la moins criminelle est celle qui offre le plus d'infanticides.

Le foyer principal de ce crime est l'ensemble des départements du centre de la France, les pays agricoles et fertiles de la vallée de la Loire, depuis le Loiret jusqu'à la Corrèze et la Dordogne. Il semble que là où se recrutent les nourrices mercenaires, on trouve aussi le plus grand nombre d'infanticides : Morvan, Poitou, Limousin, Touraine et Bretagne. A ce compte, les villes doivent être et sont en effet peu atteintes : si l'on y compte moins d'accouchements et de grossesses que dans les campagnes, il y a aussi moins d'infanticides. Parmi les départements à grandes villes, qui tous sont de teinte claire, le Rhône se distingue tout particulièrement par son rang de classement. et par la marche décroissante du nombre des infanticides, comme nous l'avons vu.

Viols sur adultes. — Par son mode d'évolution, sa répartition, l'infanticide semble être une sorte d'intermédiaire entre les crimes de sang et ceux contre les personnes qu'il nous reste à étudier. Sa nature elle-même n'est elle pas d'ailleurs mi-partie d'ordre criminel, mi-partie d'ordre immoral ?

Nous allons voir que les viols, surtout ceux sur enfants, ont augmenté dans une forte proportion, contrebalançant ainsi, pour ramener l'équilibre, l'effet de la diminution générale des crimes de sang.

Les viols sur adultes, dont la définition médico-légale serait ici superflue, ont suivi une marche particulière depuis 1825. Au nombre de 0,57 pour 10.000 habitants en France, à la première période, ils montent à 0,72 à la deuxième, restent à 0,71 à la troisième, et tombent brusquement à 0,45 à la quatrième. Donc recrudescence notable, suivie d'un état stationnaire, puis décroissance forte et rapide pour terminer.

Nous avouons qu'il faut accueillir ces chiffres avec une certaine réserve, et plutôt comme un indice de la vérité que comme la vérité elle-même. Les viols sur adultes sont de ces crimes, en effet, qui généralement ne sont connus de la justice que sur la plainte de la victime, et celle-ci a bien souvent de sérieux et puissants motifs pour ne rien divulguer. Acceptons donc ces chiffres pour ce qu'ils valent, et au moins comme un reflet de la réalité.

Pour le Rhône, nous devons encore répéter une chose qui devient banale et fastidieuse à la fin, c'est que ce crime y est très rare. De 1825 à 1880, on n'y compte que 80 viols sur adultes, soit 1,38 pour 10.000 habitants, quand, pour la France entière ce chiffre est presque double, 2,47. Le Rhône est seulement 75me au classement général.

La marche périodique y est assez analogue à ce que nous avons vu pour la France entière : partant de 0,36 à la première période, pour 10.000 habitants, nous arrivons à 0,40 à la deuxième, pour descendre à 0,37 à la troisième et tomber brusquement à 0,25 à la quatrième. La diminution de la première à la quatrième période est de 31 pour 100 dans le Rhône, et seulement de 21 pour 100 en France.

La courbe du Rhône, bien que presque parallèle à celle de la France, est néanmoins à l'avantage de notre département, car à chaque période, sauf la dernière, il recule son rang de classement : 63me d'abord, il devient successivement 76me, 77me, et enfin 68me à la quatrième période.

D'ailleurs, comme les infanticides, les viols sur adultes ne sont pas un crime des grandes villes; ce n'est pas un crime non plus des climats chauds et des tempéraments méridionaux, car le principal foyer de cette criminalité comprend une longue bande de départements, allongée transversalement dans la partie septentrionale de la France, avec maximum d'intensité en Bretagne, Normandie et Ile de France (la Seine exceptée). Un groupe moins important est constitué, il est vrai, par quelques départements pauvres et montagneux du Sud-Est.

Les grandes villes sont épargnées, et tout spécialement celle de Lyon, qui semble être la capitale d'une vaste région à teinte très claire, occupant la partie centrale et moyenne de la France.

Viols sur enfants. — Nous ne pouvons malheureusement en dire autant des *viols sur enfants.* Là, point n'est besoin, comme pour les viols sur adultes, que l'acte soit commis *avec violence*, il suffit qu'il soit perpétré, *avec ou sans violence*, sur un enfant au-dessous de treize ans.

C'est un des rares crimes qui ont augmenté depuis 1825; mais on peut dire qu'il l'a fait avec une rapidité, une régularité d'ascension tout à fait effrayantes. Il suffit, pour s'en faire une idée, de jeter un coup d'œil sur nos cartes.

C'est, on peut le dire, le crime caractéristique et essentiel des grandes villes, des agglomérations industrielles et commerciales. C'est aussi un peu celui des populations maritimes et de celles du Sud-Est, où le climat semble donner aux passions des individus une ardeur plus vive. L'alcoolisme jouerait aussi un certain rôle. En tous cas, les départements agricoles à population rurale prédominante sont généralement et remarquablement épargnés.

La plupart de ces causes prédisposantes sont, il faut le reconnaitre, inhérentes au département du Rhône; aussi son degré de criminalité est-il très élevé pour les viols sur enfants.

Tandis qu'en France on trouve une moyenne de 7.85 viols sur enfants par 10.000 habitants, pendant les cinquante-six années de la période totale, il y en a dans le Rhône 12.02; son numéro de classement est 7me. Pourtant le Rhône et la région lyonnaise en général restent encore notablement meilleurs sous ce rapport que la région parisienne et la région marseillaise, qui sont les deux foyers principaux de cette criminalité. La Seine arrive à chaque période première de beaucoup, et n'a parmi les autres départements aucun concurrent sérieux.

Ce crime, avons-nous dit, n'a cessé de s'accroître rapidement, depuis 1825. A la première période, nous n'avions en France que 0,66 viols sur enfants pour 10.000 habitants; nous en avons plus du double, 1.58, à la deuxième; plus du quadruple à la troisième, 2,61, et presque cinq fois plus à la quatrième avec

2,80. Nous voyons dans quelle proportion réellement stupéfiante ce crime n'a cessé de s'accroître. Et si nous comparions deux périodes quinquennales plus éloignées, celles de 1825 à 1829, et de 1876 à 1880, par exemple, l'accroissement serait bien plus considérable encore.

Dans le Rhône, la courbe indiquant la marche de ce crime serait identique à celle de la France. Mais elle lui est pour ainsi dire constamment superposée, car les chiffres du Rhône sont tous de beaucoup supérieurs à ceux de la France moyenne. On trouve dans le Rhône à la première période 61 viols sur enfants, 143 à la deuxième, 237 à la troisième, et 254 à la quatrième, c'est-à-dire pour 10.000 habitants, 1,40, 2,62, 3,75 et, 3,78 crimes. Pour les cinquante-six années c'est un total de 695 viols, donnant la proportion de 12,02 pour 10.000 habitants au lieu de 7,85 en France.

Il semble pourtant que dans le Rhône les viols sur enfants croissent dans une proportion un peu moindre que pour certains autres départements, et la preuve en est qu'à chaque période le Rhône tend à reculer un peu son rang de classement. 5me à la première période, il est 10me à la deuxième, 13me à la troisième, et 11me à la quatrième. Et de fait, les viols sur enfants qui ont augmenté en France de la première à la quatrième période dans la proportion de 320 pour 100, n'ont augmenté dans le Rhône que de 169 pour 100, c'est-à-dire moitié moins.

Remarquons en terminant combien est fréquent ce crime par rapport aux autres crimes contre les personnes, surtout dans les départements à grande ville, comme le Rhône, qui tiennent la tête pour ce mode de criminalité.

De 1825 à 1880, les viols sur enfants fournissent dans le Rhône presque la moitié du total des crimes contre les personnes, 695 sur 1419. Pendant la dernière période cette proportion est bien plus élevée encore, et supérieure aux 3/5, 254 sur 411. Pour la France entière, la proportion n'est pas même le tiers à la période totale, et un peu inférieure à la moitié pour la dernière période. Il en résulte qu'actuellement, dans le Rhône, par exemple, les affaires passant aux assises sont en grande majorité des viols sur enfants.

Faux témoignages et subornation. — Nous terminerons l'étude des crimes contre les personnes par un crime mixte pour ainsi dire et à caractères assez vagues, les *faux témoignages et la subornation*. Le premier est en somme un mensonge devant la Justice, et le second une provocation à celui-ci.

Pour qui a vu de près les paysans, étudié leur caractère, il est reconnu que la franchise n'est pas leur qualité dominante et que leur conscience, à sensibilité fortement émoussée, répugne fort peu au mensonge, surtout quand celui-ci doit servir leurs intérêts matériels immédiats, ceux de leurs proches ou de leurs amis. Nous devons nous attendre par suite à voir les faux témoignages et la subornation rares dans les villes et fréquents au contraire dans les campagnes. Nos cartes de répartition montrent en effet que les départements les plus fortement teintés sont généralement ceux où l'agriculture est prépondérante, en exceptant toutefois ceux où le sentiment religieux est profond et vivace, la Vendée et la Bretagne.

Mais si le maximum de ce crime ne semble pas se localiser en une ou plusieurs régions distinctes, il n'en est pas tout à fait de même pour le minimum. Une région de la France présente une coloration blanche assez compacte, et nous avons le plaisir de constater que cette région, à minimum de criminalité, est la région lyonnaise.

Il est peu étonnant, il est vrai, de voir le Rhône faiblement atteint par ce crime, car il en est de même pour les autres départements à grandes villes ; mais ce qui semble témoigner de conditions locales spéciales c'est d'abord que Lyon est entouré de départements à très faible criminalité et que notre département arrive dernier, 86me au classement général.

Pendant la période totale, nous n'y comptons que 9 crimes de cette nature, soit 0,15 pour 10.000 habitants, quand on en trouve quatre fois plus en France, 0,62 pour ce nombre d'habitants.

A la première période, nous trouvons dans le Rhône 4 faux témoignages et subornation, 2 à la deuxième, 3 à la troisième, et 0 à la quatrième. Vu le petit nombre de crimes nous n'avons fait ici que deux périodes de vingt huit années chacune; à la première, qui va de 1825 à 1852, nous avons la proportion de 0,12 pour 10.000 habitants, avec le numéro 85me au classement; pendant les vingt-huit années qui suivent nous n'avons que 0.04 pour 10.000 habitants, et le Rhône est 86me. Aux périodes correspondantes, on trouve en France 0,47 et 0,17 crimes pour 10.000 habitants.

La diminution pour la France entière est donc des plus considérables; mais il faut savoir gré de cet heureux résultat moins à l'amélioration de nos mœurs et de la conscience individuelle qu'à une mesure législative prise le 13 mai 1863. A cette époque on subdivisa ce crime en deux catégories : 1° les faux témoignages en matière criminelle, et 2° ceux en matière civile. Les premiers seuls restèrent rangés parmi les crimes, tandis que les seconds descendirent au rang de simples délits, et firent baisser dans une très forte proportion le nombre annuel des faux témoignages d'ordre criminel, les seuls dont nous nous occupons ici.

Quoi qu'il en soit, cette mesure perturbatrice n'a pas eu d'influence sur les résultats comparatifs de chaque département, car elle fut la même pour tous. Le Rhône en particulier a conservé après comme avant son excellent rang de classement.

En résumé, pour les crimes contre les personnes, le Rhône est constamment au-dessous de la moyenne générale, souvent même dans une large mesure, et son rang de classement à chaque période partielle et à la période totale est des plus favorables. Deux fois même il est dernier, pour les parricides et pour les faux témoignages.

Il n'y a d'exception qu'avec les viols sur enfants où notre département est entraîné par les conditions inhérentes à la grande ville, conditions qui, nous l'avons vu, sont prépondérantes partout. Et même, pour ce genre de crime, le Rhône semble épargné comparativement à certaines régions analogues, la Seine et la Provence, qui le dépassent dans une assez forte proportion.

Crimes contre les propriétés. — J'ai déjà dit et montré que les crimes contre les propriétés avaient en France diminué constamment et dans une assez forte proportion, de 1825 à 1880; que, dans le Rhône, cette diminution avait été plus forte encore, bien que les chiffres de ce département se soient maintenus au-dessus de la moyenne générale, à toutes les périodes, sauf la troisième, celle qui s'étend de 1853 à 1866. C'est ainsi que, de la première à la dernière période, la proportion de ces crimes, pour 10.000 habitants passe, dans le Rhône de 19,56 à 7.77, c'est-à-dire diminue de 69 pour 100, tandis qu'en France la diminution n'est que de 57 pour 100 : 16,88 à la première période et 7.25 à la dernière.

Nous allons passer en revue successivement chacun de ces crimes, et, par cet examen détaillé, nous verrons que si la diminution est, pour les crimes contre les propriétés, la règle générale, pour quelques uns d'entre eux au contraire il y a eu augmentation, mais toujours dans une assez faible proportion.

On pourrait disserter longuement sur les causes de cette décroissance générale et progressive des crimes contre les propriétés, rechercher et décrire l'influence plus ou moins manifeste des conditions physiques, géographiques, climatériques, économiques et sociales, de la race, des mœurs, de la religion, etc. ; mais ce serait sortir des limites de notre sujet, et nous lancer dans des considérations qui trouveront mieux leur place dans une étude générale de la criminalité en France, dont nous avons déjà amassé les matériaux, et que nous espérons pouvoir soumettre bientôt à la Société d'anthropologie, du moins quant aux résultats et conclusions principaux.

Pourtant nous pouvons ici résumer notre opinion en disant que la diminution des crimes contre les propriétés doit être attribuée à l'augmentation progressive et indéniable du bien-être individuel, de l'instruction publique, aux progrès de l'industrie et des relations commerciales à l'amélioration, en un mot des conditions économiques dans lesquelles évolue notre Société moderne. et qui vont se modifiant avec une rapidité croissante.

Nous allons voir aussi que le Rhône, si honorablement classé pour la plupart des crimes contre les personnes, occupe au contraire pour les crimes contre les propriétés, à de rares exceptions près, un rang fort peu avantageux.

Nous ne diviserons pas les crimes contre les propriétés, ainsi que nous l'avions fait pour les crimes contre les personnes en plusieurs catégories distinctes et à caractères tranchés, à évolution différente. Tous ces crimes en effet. sauf les *incendies*, qui ont un caractère de criminalité tout spécial, présentent des airs de parenté et de ressemblance qui les font ranger dans une même famille naturelle. Leur ensemble pourrait se définir ainsi : accaparement (ou tentative) du bien d'autrui par ruse, adresse ou violence. La manière d'opérer du coupable, quelquefois sa qualité. le lieu du crime. servent presque seuls à les différencier légalement les uns des autres. C'est pourquoi, dans l'étude détaillée de la criminalité contre les propriétés, suivrons-nous simplement l'ordre habituel dans lequel sont présentés ces crimes dans les *Comptes rendus* annuels du garde des sceaux.

Fausse monnaie. — Ce crime est constitué par le fait, non seulement de la fabrication, mais encore de l'émission de fausse monnaie. Est comptée comme *fausse monnaie* par les Comptes rendus la falsification des billets de la Banque de France, variété criminelle d'ailleurs assez rare.

A priori, il semble difficile de déterminer les conditions qui influent sur le degré de fréquence de ce crime ; pourtant celles-ci existent, et nos cartes de répartition montrent qu'elles tiennent au climat d'abord, le Midi étant d'une façon générale bien plus teinté que le Nord ; qu'elles tiennent aussi à la grande ville, d'une part, aux pays montagneux. pauvres, peu peuplés d'autre part, ces deux milieux rendant, pour des causes différentes, l'émission et la fabrication de fausse monnaie relativement faciles.

Il n'est donc pas étonnant de voir le Rhône en teinte noire sur notre carte générale : c'est la loi commune pour la plupart des départements à grande ville.

En raison du petit nombre annuel de ces crimes, nous n'avons établi que 2 périodes de 28 années chacune, et qui vont, la 1re de 1825 à 1852, la 2e de 1853 à 1880.

Pour la 1re période, le Rhône est 8e avec un total de 31 crimes, soit 0,63 pour 10.000 habitants. A la 2e période, nous trouvons 33 crimes; cette légère augmentation absolue n'empêche pas une diminution du chiffre proportionnel qui n'est plus que de 0,49 pour 10.000 habitants, grâce à l'augmentation incessante de la population. Le Rhône arrive 9e à cette seconde période.

En France, nous avons 0,42 crimes pour 10.000 habitants à la 1re période, et 0,28 à la 2e; la décroissance est parallèle à celle observée pour le Rhône, dont la courbe néanmoins resterait superposée à celle de la France et à une assez grande distance de celle-ci. La diminution observée en France est de 32 pour 100, et seulement de 22 pour 100 dans le Rhône.

Pour la période totale, le Rhône est classé 9e avec 1,10 crimes pour 10.000 habitants, quand en France on n'en trouve que 0.70.

En somme, assez mauvais résultats fournis par le Rhône : la *fausse monnaie* y a été bien plus fréquente qu'en France, et la diminution moindre que la diminution générale pour l'ensemble du pays. Le résultat est moins mauvais si on compare le Rhône aux Bouches-du-Rhône, qui sont 4e, à la Seine qui est 2e, le 1er rang étant occupé par un département dont la conduite sous ce rapport a été des plus singulières. Ce sont les *Pyrénées-Orientales*.

Ce département est dernier à la 1re période avec un chiffre infinitésimal, et premier à la 2e avec un chiffre si élevé qu'il suffit à lui seul pour lui assurer le 1er rang à la période totale, qui n'est en somme qu'une sorte de moyenne entre les deux. Il y a donc eu, de 1853 à 1880, dans les Pyrénées-Orientales, une véritable et très intense épidémie de fausse monnaie.

Faux en écritures de Commerce. — Nous n'aurons pas lieu de nous réjouir davantage des résultats fournis par notre département pour les faux en écritures de commerce.

C'est un crime qui s'est accru en France d'une façon constante, sauf pourtant à la 4e période. Il est lié essentiellement, et cela se conçoit par son appellation même, au développement des relations commerciales. Nous en avons d'ailleurs une preuve fort démonstrative dans le fait de la répartition départementale de ce crime, telle que l'indiquent et nos chiffres et nos cartes.

Sur celles-ci on remarque que les faux en écritures de commerce se localisent d'une façon toute spéciale dans les régions réputées les plus commerçantes, dans les départements à grande ville, qui sont le siège de prédilection incontestable des relations commerciales. C'est ainsi qu'on voit en teinte noire les groupes suivants : d'abord le groupe parisien, vaste bloc noir étendu dans la vallée de la Seine, puis les petits groupes lyonnais, marseillais, bordelais et toulousain. On n'en conclura pas, certes, que les commerçants sont moins honnêtes dans les villes que dans les campagnes; ce maximum de criminalité s'explique par le plus grand nombre d'individus prédisposés par leur situation à commettre ce crime, et par les causes occasionnell s nombreuses que constituent les facilités d'une vie de plaisirs et de dissipation.

Le Rhône suit donc la loi commune et arrive 7e au classement général. Si le rang de criminalité tenait uniquement à l'intensité des relations commerciales, le Rhône s'approcherait sans doute davantage encore du premier rang. Peut-être y a-t-il, inhérent à notre département, quelque chose qui atténue dans une certaine mesure la fréquence relative de ce crime et le fait classer bien loin derrière la Seine, qui arrive 1er sans rival sérieux.

On trouve successivement dans le Rhône, à chaque période, 24, 55, 45 et 55 faux en écritures de commerce, soit, pour 10.000 habitants 0.55, 1.00, 0.67 et 0.82. Ces chiffres sont toujours et notablement supérieurs aux chiffres moyens de la France, que voici : 0.36 à la 1re période, 0,54 à la 2e, 0.65 à la 3e et 0,50 à la 4e. Tandis qu'en France il y a eu accroissement continu jusqu'à la 3e période, qui est la plus mauvaise, avec diminution à la 4e, dans le Rhône nous avons des oscillations périodiques telles que la 2e période est de beaucoup la moins favorable, et que la 3e, au contraire, est relativement bonne. Le résultat final est un accroissement de 38 pour 100 en France et de 48.50 pour 100 dans le Rhône, de la 1re à la 4e période.

Les oscillations périodiques du Rhône s'accusent nettement encore par son rang de classement : 10e à la 1re période, il est 5e à la 2e, 22e à la 3e, et 4e à la 4e. A la période totale, il arrive 7e, avons-nous dit, avec 3.09 crimes pour 10.000 habitants; la France n'en donne en moyenne que 2.09, c'est-à dire un tiers en moins. Pour nous consoler, songeons que la Seine accuse un chiffre de 12.83 faux en écritures de commerce pour 10.000 habitants à la période totale, c'est-à-dire 4 fois et au delà plus que le Rhône.

Faux en écriture authentique et publique. — Si nous passons aux faux en écriture authentique et publique, les résultats ne seront pas meilleurs pour le Rhône. Ce crime est en rapport direct avec les transactions légales, de même que les faux en écritures de commerce l'étaient avec les transactions commerciales. Or, les deux ont ensemble une certaine corrélation dans leur fréquence, et nous pouvons prévoir que les résultats fournis par eux auront quelque analogie dans leur mode d'évolution et de répartition.

Nous verrons donc encore cette criminalité prédominer dans les grandes villes; mais nous la verrons fréquente aussi dans les départements les plus arriérés au point de vue de l'instruction publique, la Corse et le Morbihan, parce que là les officiers ministériels ont plus de tentation et de facilités pour falsifier certains actes légaux. Peut-être aussi pour cette raison le Nord de la France est-il, d'une façon générale, moins teinté que le Midi dont l'instruction publique est moins développée. Il n'y a d'ailleurs rien de net dans la répartition de ce crime : le maximum et le minimun sont dispersés ça et là, sans ordre bien apparent, et des départements à caractères analogues présentent des teintes souvent opposées.

Quoi qu'il en soit, le Rhône arrive 12e au classement général avec le chiffre total de 1,49 crimes pour 10.000 habitants, soit 0,36 de plus que le chiffre moyen pour la France, qui est de 1,13.

En France, ce crime n'a cessé de décroître depuis 1839, tandis que dans le Rhône il a augmenté dans une proportion inverse. A la 2e période[1], de 1839 à 1852, nous avons en France 0,31 crimes pour 10.000 habitants ; à la 3e nous n'en avons que 0,26, et 0,25 à la 4e. Dans le Rhône, nous en trouvons 0,27 à la 2e période, 0,37 à la 3e et 0,37 à la 4e, pour les nombres de 15,25 et 25 faux en écriture publique. Il y a eu en France diminution de 21 pour 100, et accroissement de 37 pour 100 dans le Rhône. De ce mouvement en sens inverse résulte un rapide avancement du Rhône aux classements périodiques : 50e à la 2e période, il est 15e à la 3e, 9e à la 4e et 12e à la période générale ainsi que nous l'avons dit.

Répétons encore ici que ces résultats si peu favorables sont loin d'être aussi mauvais que ceux de la Seine et des Bouches-du-Rhône : ce sera pour nous une faible consolation.

Faux en écriture privée. — Ce crime présente à plusieurs points de vue des caractères différents de celui que nous venons d'étudier. C'est ainsi que la moitié septentrionale de la France, surtout vers l'est, est bien plus foncée que la moitié sud ; c'est

[1] De 1825 à 1838, les comptes rendus ne distinguaient pas les faux en écriture publique des faux en écriture privée ; nous n'avons donc pu les étudier à part qu'aux trois dernières périodes : c'est pourquoi nous commençons ici par la deuxième. Pour la période totale, nous avons tenu compte de l'absence de la première période, en augmentant d'un tiers le chiffre total.

ainsi encore que les grandes villes sont relativement épargnées, sauf la Seine et la Gironde.

Les pays très arriérés quant à l'instruction publique sont aussi ceux où l'on trouve le moins de faux en écriture privée : tels que la Bretagne, la Corse, une partie de la région pyrénéenne. Et l'on comprend qu'il doive en être ainsi. Là où les individus sont peu lettrés ou illettrés, on trouve une profonde défiance pour tout ce qui est grimoire, et les transactions privées s'accompagnent rarement d'écritures à l'appui : ainsi se trouvent restreintes les occasions de pratiquer des faux aux dépens de ceux qui ne savent pas lire, quand ceux qui ne savent pas écrire sont dans l'impossibilité matérielle d'en commettre eux-mêmes.

Pour ce crime, le Rhône est dans des conditions moyennes, avec un chiffre de criminalité un peu supérieur à celui de la France à la période totale et moyenne. Pour ces cinquante six années, il arrive 26e avec 2,67 faux pour 10.000 habitants, au lieu de 2,41, chiffre moyen pour la France.

Comme les faux en écriture publique, ceux en écriture privée ont diminué constamment en France, mais dans une proportion bien plus forte, 60 pour 100 de la 2e à la 4e période. On trouve pour l'ensemble des départements à la 2e période 0,81 faux en écriture privée, pour 10.000 habitants[1], 0,62 à la 3e et 0,32 à la 4e.

C'est une marche inverse de celle de l'instruction publique; aussi faut-il admettre qu'une instruction bien diffusée et plus complète est aussi peu favorable à ce crime qu'une instruction peu répandue et rudimentaire.

Dans le Rhône, la courbe de ce crime serait identique à celle pour la France entière, et exactement parallèle à celle-ci, mais toujours superposée. A chaque période les chiffres sont un peu

[1] Pour la raison précédemment citée, nous n'avons que les trois dernières périodes, la première ne donnant pas la statistique des faux en écriture privée considérés séparément.

supérieurs à la moyenne : 0.87 pour 10,000 habitants à la 2e période. 0,64 à la 3e et 0,37 à la 4e. La diminution est de 58 pour 100 au lieu de 60 pour 100 en France, c'est-à-dire à peu près identique.

Le classement périodique varie peu, grâce à la marche parallèle de la crise en France et dans le Rhône : 30me à la 2e période, 28me à la 3me et 27me à la 4me.

C'est en somme un résultat moyen, assez bon à noter, comparativement au département de la Seine, qui fournit à la période totale 6,44 faux pour 10.000 habitants, au lieu de 2,67 dans le Rhône et 2,41 en France.

Vols sur la voie publique (avec ou sans violence) et *vols* (avec violence) *hors la voie publique*. — J'ai réuni en un seul groupe ces deux genres de vols pour ne pas multiplier outre mesure les chapitres de cette étude, et parce qu'ils présentent entre eux des caractères d'analogie dans leur répartition départementale. L'un et l'autre en effet sont commis par de misérables vagabonds, attaquant indistinctement hors ou sur la voie publique, et n'ayant pour règle dans leur choix que les circonstances occasionnelles et les facilités d'exécution.

Il est évident que là où les chemins publics sont d'une sécurité fort incomplète, les propriétés privées, et surtout isolées, ne sauraient être à l'abri des malfaiteurs. Sous ce rapport, deux conditions opposées en apparence produisent le même résultat ; d'une part l'agglomération des habitants en cités populeuses cachant une forte proportion de gens sans aveu, et d'autre part, leur dispersion en maisons isolées, la faible densité de la population, la rareté et la circulation peu active des chemins publics ; ces deux milieux différents facilitent et encouragent l'exécution de ces vols.

Ceux-ci sont suffisamment définis par l'appellation même du Code ; ils diffèrent des vols simples ou *vols-délits* par la circonstance aggravante d'avoir été commis *avec violence* hors la voie publique, ou *sur la voie publique*, que ce soit avec ou sans violence.

On conçoit facilement que ces vols aient dû diminuer peu à peu sous l'influence de l'amélioration de la sécurité publique, du percement de nombreuses voies de communication, et de l'augmentation de leur circulation. En effet, de la 1re à la 4^{m} période, il y a eu décroissance en France de 52 pour 100 ; de 0,55 pour 10.000 habitants à la 1re période, nous passons à 0,56 à la 2me, 0,27 à la 3me et 0.26 à la 4me. La diminution, sauf à la 2me période, est continue, mais irrégulière. Elle porte presque tout entière, disons-le vite, sur les vols sur la voie publique, les autres restant presque stationnaires.

La répartition départementale de l'ensemble de ces crimes nous montre que, ainsi que nous l'avons fait prévoir, les foyers principaux de criminalité sont, d'une part, la Bretagne et les régions similaires, pauvres, peu avancées en civilisation, et, d'autre part, les grandes villes, Paris surtout, et Marseille un peu. Le Centre et le Nord-Est sont peu atteints.

Mais il faut remarquer que si ces deux crimes sont fréquents en Bretagne et dans la Seine, régions si opposées, dans la première il y a prédominance des vols sur la voie publique, tandis qu'à Paris on trouve surtout des vols hors la voie publique.

C'est la règle d'ailleurs pour les grandes villes, et le Rhône ne fait pas exception : il est 27me pour les vols sur la voie publique et 10me pour ceux hors la voie publique. Pour l'ensemble des deux, il arrive 16me au classement général La Seine, elle, serait 46me pour les vols sur la voie publique, 1re pour les vols hors la voie publique, et 3me pour les deux, avec 3,19 pour 10.000 habitants. Le Rhône n'arrive qu'au chiffre de 1,97, le chiffre moyen étant en France de 1,62.

De la 1re à la 3me période, le Rhône a vu décroître rapidement l'ensemble de ces vols ; mais, à la 4me, il y a eu recrudescence très vive portant exclusivement d'ailleurs sur les vols hors la voie publique. Les autres n'ont cessé de décroître à toutes les périodes.

Comme nombres absolus de vols, nous trouvons successivement à chaque période 25-28-20 et 41, pour le Rhône. Pour 10.000 habitants, c'est une proportion de 0,57 à la 1re période, 0,51 à la 2me, 0,30 à la 3me et 0,61 à la 4me. Le Rhône est classé d'abord 27me, puis 37me, puis 29me, enfin 2me à la 4me période.

Les vols sur chemin public ont passé dans le Rhône de 0,40 à la 2me période, à 0,22 à la 3me, puis 0,19 à la 4me, tandis que les vols hors la voie publique, beaucoup moins nombreux, donnaient les chiffres successifs de 0,10, 0,07, puis 0,41 pour 10.000 habitants. Pour la période totale, nous trouvons 1,09 des premiers et 0,80 des seconds dans le Rhône, au lieu de 0,96 et 0,53 chiffres fournis par la France moyenne.

Vols dans les églises. — Ce sont des vols dont le nombre annuel est peu considérable, et pour lesquels nous n'avons établique 2 périodes partielles, la 1re de 1825 à 1852, la 2me de 1853 à 1880.

La carte de répartition générale nous montre un fait assez curieux : c'est que la fréquence de ce crime semble être en raison directe de l'esprit de religiosité des habitants. En effet, nous voyons parmi les départements fortement teintés la Bretagne, la Normandie et certains départements du Midi avoisinant l'Italie et l'Espagne, où la ferveur et la vivacité des croyances religieuses sont restées intactes. Ce qui le montre encore c'est la diminution constante et progressive de ces vols depuis 1825 jusqu'à nos jours, période pendant laquelle l'impiété n'a cessé, elle, de faire des progrès sensibles ; c'est encore la faible criminalité des grandes villes, où certes l'incrédulité est plus répandue que dans les campagnes, toute proportion gardée.

Le Rhône nous fournit des résultats à peu près satisfaisants. De 1825 à 1880, nous y trouvons 47 vols dans les églises, soit 0,46 pour 10.000 habitants, le chiffre moyen pour la France étant légèrement supérieur, 0,48. Dans le Rhône, comme en France, la décroissance a été continue. A chacune des périodes partielles de quatorze années établies par notre statistique, nous aurions en France pour 10.000 habitants : 0.15 — 0,14 — 0,11 et 0,08 vols dans les églises ; dans le Rhône, ces chiffres seraient 0,18 — 0,12 — 0,10 et 0,07, c'est-à-dire toujours au-dessous de la moyenne, sauf à la 1re période. De celle-ci à la 4me, il y a diminution de 59 pour 100 dans le Rhône, et seulement de 46 pour 100 en France.

Aux 2 périodes de vingt huit années (1825 à 1852 et 1853 à 1880) nous avons dans le Rhône 0,30 et 0,18 pour 10.000 habitants, et 0,29, puis 0,19 en France. Le Rhône est d'abord 37me, puis 45me, enfin 42me à la période totale.

C'est le meilleur résultat fourni par notre département pour les crimes contre les propriétés, en exceptant les incendies, qui sont tout à fait à part. Ce résultat est d'ailleurs conforme à celui des autres départements à grande ville, de la Seine en particulier, qui arrive 72me au classement général.

Vols domestiques. — Le caractère criminel du vol est ici constitué uniquement par la qualité du voleur à l'égard du volé.

Les vols domestiques n'ont cessé de décroître depuis 1825 dans une large proportion, fait en contradiction formelle avec l'opinion généralement reçue, et à chaque instant répétée, que *les serviteurs fidèles sont de plus en plus rares.*

En France, nous trouvons pour 10.000 habitants 3,92 vols domestiques, de 1825 à 1838, 3,16 à la 2me période, 1,82 à la 3me et 1,26 à la 4me, d'où une diminution totale de 68 pour 100, plus des 2/3, de la 1re à la dernière période.

Dans le Rhône, nous trouvons, à la 1re période 243 vols domestiques, 175 à la 2e, 50 à la 3me, et 66 à la 4me, soit pour 10.000 habitants et successivement 5,59 — 3,20 — 0,75 — 0,98, avec une diminution de plus des 4/5, 82 pour 100. La 3me période généralement la meilleure pour les crimes contre les propriétés, est ici exceptionnellement favorable, puisqu'elle est même notablement inférieure à la dernière. D'ailleurs le Rhône est 70me à cette période, après avoir été 8me à la 1re, 29me à la 2me, pour redevenir 35me à la 4me période.

Au total, nous trouvons dans le Rhône 0,23 vols domestiques, au lieu de 9,96 en France, avec le rang de 28me pour notre département.

Ce résultat, inférieur à la moyenne générale, est d'autant plus remarquable, que la répartition départementale nous montre les départements à grande ville parmi les plus éprouvés. Ainsi la Seine arrive 1re et de beaucoup, avec le chiffre formidable de 44,53 vols domestiques pour 10.000 habitants près de 5 fois plus que le Rhône. Autour de la Seine se trouve un groupe étendu de départements où les vols domestiques sont fréquents : il comprend la Normandie, l'Ile de France, la Champagne, et constitue le foyer principal de ce genre de criminalité.

Autour du Rhône au contraire, nous voyons une vaste région à teinte très claire, dont Lyon est la capitale. C'est peut-être ce qui explique le très petit nombre de vols domestiques commis dans le Rhône. A Lyon, en effet, les domestiques se recrutent généralement dans les départements circonvoisins ; si, dans ceux-ci, la probité domestique est générale et presque héréditaire, nous devons avoir à Lyon des domestiques d'une honnêteté plus scrupuleuse que dans mainte autre région de la France. Il y aurait là par conséquent un caractère d'ethnographie régionale curieux.

Vols qualifiés. — Ils sont *qualifiés*, selon l'expression du Code, par une circonstance aggravante tenant à leur mode d'exécution, escalade, effraction, opération nocturne, etc.

Ce genre de crime a suivi une marche analogue et parallèle à celle des vols domestiques, à celle, d'ailleurs, des vols en général dont ils constituent de beaucoup le plus grand nombre. De la 1re à la 4me période, ils ont diminué en France de 68 pour 100, exactement comme les vols domestiques, et passent de 9,53 pour 10.000 habitants à la 1re période, à 6,32 à la 2me, à 3,57 à la 3me, enfin à 3,05 à la 4me. C'est encore ici la 3me période qui offre la diminution relative la plus considérable.

Si, de ces chiffres, nous rapprochons ceux fournis par le Rhône, nous verrons que ceux ci sont généralement un peu au-dessous de la moyenne : 9,50 à la 1re période, 7,22 à la 2me, 3,48 à la 3me, et 3,02 à la 4me. La décroissance est identique à celle pour la France, c'est-à-dire de 68 pour 100 de la 1re à la dernière période. Le nombre absolu de ces vols décroît un peu moins vite : 413 à la 1re période, 394 à la 2me, 231 à la 3me et 203 à la 4me. Au total c'est 1.241 vols qualifiés en 56 années, avec une moyenne de 21,46 pour 10.000 habitants.

Le chiffre correspondant pour la France est un peu plus élevé, 21,94.

Enfin ces heureux résultats se traduisent par un classement favorable de notre département, qui est 25me à la 1re période, 22me à la 2me, 37me à la 3me, et 34me à la 4me, pour devenir 31me à la période totale.

Ces résultats sont tout à fait exceptionnels pour un département à grande ville, à industrie et commerce très développés, possédant un grand nombre de gens sans aveu, de repris de justice, pour lesquels le vol est l'unique moyen d'existence, la pince-monseigneur le seul outil habilement manié. Et de fait, sur nos cartes, les départements à grande ville sont généralement peu favorisés ; la Seine, le type et l'idéal du genre, arrive constamment 1re et de beaucoup, fournissant pour la période totale 55,17 vols qualifiés pour 10.000 habitants, 2 fois 1 2 plus que le Rhône.

La répartition géographique de ce crime se fait aussi par région, et, parmi les plus éprouvées, nous trouvons la Bretagne, la Normandie, la vallée de la Seine et la Provence. La Normandie, remarquons-le en passant, est très généralement de teinte foncée pour les crimes contre les propriétés ; serait-ce que les Normands actuels ont hérité de leurs ancêtres de goûts pillards, d'instincts voleurs, qui les caractérisent actuellement au point de vue démographique ?

La région lyonnaise au contraire est le centre d'une vaste région à teinte claire, à faible criminalité, dans laquelle le Rhône, relativement éprouvé, est de teinte moyenne. Comme pour la Normandie, et à l'inverse de celle-ci, il faut voir là une affaire de race et de milieu, car le fait est à peu près constant pour les crimes contre les propriétés. La région lyonnaise, le Rhône, et Lyon en particulier, qui en est comme l'expression synthétique, fournissent fort peu de vols comparativement à la plupart des départements et régions similaires, et nous venons de voir les heureux résultats fournis par notre département pour les vols domestiques et les vols qualifiés, en particulier.

Abus de confiance (par domestique ou homme de service à gages). — Ils diffèrent des vols domestiques en ce sens qu'il y a détournement frauduleux d'objets, de valeurs ou de sommes confiés au coupable en raison même de ses fonctions.

Ce genre de crimes a diminué aussi, mais dans une assez faible proportion. Un pareil résultat, si peu conforme à ce qui a lieu pour les autres vols, surprend tout d'abord et semble difficile à expliquer. Pourtant en y réfléchissant on comprend qu'il doive en être ainsi. Non pas, certes, que la moralité publique se soit amendée pour les vols et soit restée stationnaire pour les abus de confiance; mais, pour ces derniers, le nombre des individus susceptibles, par leurs fonctions, de les commettre, s'est accru dans une large mesure depuis cinquante ans. C'est ce qui résulte de l'extension et de la multiplication des compagnies diverses, industrielles, agricoles, financières, commerciales, etc., dont l'armée de fonctionnaires a grossi énormément depuis un demi siècle. De par la nature même des opérations et le siège social habituel de ces compagnies, les grandes villes possèdent incomparablement plus de leurs fonctionnaires que les campagnes ; Paris en particulier centralise une grande partie des administrations de ces compagnies et contient une nuée d'employés ou hommes de service à gages.

Ce fait seul nous explique parfaitement la répartition départementale du crime d'abus de confiance, ainsi que son évolution périodique. Comme la plupart des vols en général, les abus de confiance se rencontrent surtout dans les grandes villes, mais avec localisation plus étroite encore dans les agglomérations populeuses, industrielles et commerciales. C'est ainsi que la Seine fournit à elle seule presque la moitié des abus de confiance commis en France de 1839 à 1880 [1], et laisse loin derrière elle tous les autres départements. C'est encore la vallée de la Seine et la Normandie (région parisienne), le Rhône, les Bouches-du-Rhône et la Gironde qui sont le plus fortement atteints.

Pour le Rhône, voici les résultats statistiques. Nombres absolus : 6 à la 2me période, 15 à la 3me, et 40 à la 4me période, ce qui donne, pour 10.000 habitants, d'abord 0,10 abus de confiance, puis 0,22, enfin 0,59, à chacune des périodes.

On voit avec quelle rapidité vertigineuse ce crime s'est accru dans le département du Rhône depuis 1839 ; de la 2me à la 4me période, il y a augmentation de 450 pour 100.

En France, au contraire, il y a presque état stationnaire avec légère tendance à la diminution. Nous y trouvons pour 10.000 habitants 0,38 abus de confiance à la 2me période, 0,32 à la 3me et 0,28 à la 4me, c'est à dire une diminution de 25 pour 100 de la 2me à la 4me période. La France moyenne diminuant un peu quand le Rhône augmente rapidement, il en résulte pour ce département un classement de plus en plus défavorable : 55me à la 2me période, il est 24me à la 3me et 4me à la dernière.

A la période moyenne et totale, les chiffres du Rhône sont cependant à peine supérieurs à ceux de la France, cette dernière ayant 1.36 crimes pour 10.000 habitants et le Rhône 1.40, avec le classement de 14me. Si donc nous avons à enregistrer ici un résultat plus fâcheux pour notre département, c'est moins par le nombre même des abus de confiance qui y ont été commis, que par la marche incessamment et très rapidement croissante de ce genre de crimes chez nous, quand, dans le reste de la France, il y a une diminution légère mais réelle.

Banqueroutes frauduleuses — Ce genre de crime a des

[1] De 1825 à 1838 (1re période) les comptes rendus ne spécifiaient pas encore les abus de confiance commis annuellement : aussi n'avons-nous le résultat que des 3 dernières périodes.

corrélations étroites et des liens de parenté avec les faux en écritures de commerce. Ils se compliquent, se précèdent ou se suivent très souvent. Aussi pouvons-nous *à priori* dire, comme pour les faux en écritures de commerce, que nous devrons trouver ce crime là surtout où sont développés au maximum la vie industrielle et les relations commerciales, c'est-à-dire dans les grandes villes tout spécialement.

Ces deux espèces criminelles non seulement se localisent d'une façon analogue, mais encore présentent une évolution périodique fort semblable. Nous avons vu les faux en écritures de commerce augmenter notablement aux 2me et 3me périodes, pour descendre un peu à la 4me : nous observons le même résultat pour les banqueroutes frauduleuses, ainsi qu'en témoignent les chiffres suivants. Nous trouvons en France, pour 10.000 habitants, 0,29 banqueroutes frauduleuses à la 1re période, 0,35 à la 2me, 0,33 à la 3me, et 0,25 à la 4me. Ici, la 2me période est un peu plus mauvaise que la 3me, et la 4me un peu meilleure que la 1re ; pour les faux en écritures de commerce au contraire la 3me période est un peu moins bonne que la 2me, et la 4me période un peu moins favorable que la 1re. A part cette légère différence, la courbe serait la même.

Le Rhône fournit des chiffres notablement supérieurs surtout au début : 0.73 pour 10.000 habitants à la 1re période, 0,56 à la 2me, 0.34 à la 3me et 0.29 à la 4me, correspondant aux nombres absolus de 32, 31, 23 et 20 banqueroutes frauduleuses par période.

Nous voyons donc en France une différence minime entre la 1re et la dernière période, de 16 pour 100, et au contraire une diminution considérable dans le Rhône, de 60 pour 100. Aussi à chaque période y a t il recul du numéro de classement du Rhône qui est successivement 3me, 11me, puis 34me, enfin 26me.

Malgré cette amélioration rapide, les chiffres pour la période totale sont peu favorables ; avec un total de 106 banqueroutes frauduleuses, nous avons 1,83 crimes pour 10.000 habitants, au lieu de 1,23 qu'on trouve en moyenne pour toute la France ; aussi le Rhône est il mal classé, 6me.

Ce déplorable résultat est, comme toujours, bien meilleur que celui fourni par la Seine; ce département produit à lui seul presque 1/5 du total des banqueroutes frauduleuses, et arrive constamment 1er avec 4,91 pour 10.000 habitants à la période totale, trois fois plus que le Rhône, quatre fois plus que la moyenne. Pourtant les autres départements à grande ville sont, quoique de teinte foncée, moins malmenés que le Rhône; les Bouches-du-Rhône sont 22me, la Gironde 15me, etc.

Sur la carte de répartition générale, c'est encore la vallée de la Seine qui est le principal foyer de cette criminalité; viennent ensuite les Charentes et le littoral méditerranéen. Quant au Rhône il est seul, isolé au milieu d'une vaste région à teinte claire; d'où l'on doit conclure que les conditions inhérentes à notre grande ville de Lyon font ici tout le mal. Ce fait rentre d'ailleurs dans la règle qui veut que les campagnes, les départements agricoles soient épargnés par ce crime, comme le Centre de la France et la Bretagne par exemple.

Incendies. — C'est un crime qui diffère complètement des crimes précédents tant par sa nature, que par sa répartition départementale et son évolution périodique. On pourrait au point de vue de ses causes en faire deux catégories : 1° ceux qui sont commis dans un but de vengeance, de jalousie stupide et brutale; 2° ceux qui servent à exploiter une assurance contre l'incendie. Ces derniers ont pris un grand développement depuis la création et l'extension des Compagnies d'assurances et cette sorte d'industrie incendiaire fournit actuellement la majeure partie des incendies criminels.

Ces conditions, si différentes de celles des autres crimes contre les propriétés, expliquent pourquoi, à l'encontre de ceux-ci, les grandes villes sont, pour le crime d'incendie, presque complètement épargnées. Les facilités d'exécution y sont d'ailleurs singulièrement diminuées par la police des villes, la surveillance mutuelle et intéressée des habitants, la grandeur des dégâts qu'amène un incendie dans les grandes villes.

Les campagnes au contraire sont généralement le lieu de

prédilection des incendies criminels ; la vallée de la Seine est le seul grand foyer de criminalité, et l'on y trouve un bloc compact de départements à teinte sombre. La Seine est seule exceptée, et arrive 86me et dernière au classement général : ici encore c'est le type du département à grande ville.

Pour ce qui est de la région lyonnaise, un fait curieux se produit : tout le long de la vallée du Rhône les départements de la rive droite sont de teinte complètement claire, tandis que ceux de la rive gauche sont tous de teinte foncée. Il serait difficile d'expliquer une pareille bizarrerie.

Le Rhône est, bien entendu, parmi les départements à grande ville, c'est-à dire à faible criminalité incendiaire. Au classement général, il est 83me avec 1,26 incendies pour 10.000 habitants, quand on en trouve en moyenne 2,74 pour la France entière.

Les 73 incendies commis dans le Rhône depuis 1825 se répartissent ainsi : 1re période, 10 ; 2me période, 18 ; 3me période, 27 ; 4me période, 18, ce qui donne successivement pour 10.000 habitants, 0,23 — 0,32 — 0,40 et 0,26 incendies. Il y a eu accroissement continu et assez rapide jusqu'à la 3me période, et décroissance à la 4me. C'est à peu près ce qui se passe en France où l'on trouve 0,45 incendies pour 10.000 habitants à la 1re période, 0,76 à la 2me, 0,79 à la 3me et 0.70 à la 4me ; la courbe est analogue, mais toujours fortement superposée à celle du Rhône.

Quant au rang de classement du Rhône, il varie peu à chaque période, et reste toujours parmi les derniers : 77me à la 1re période, 80me à la 2me, 78me à la 3me et enfin 82me à la 4me, pour être en résumé 83me à la période totale et moyenne.

Ce résultat, excellent de tous points, est, comme nous l'avons vu, conforme à ce qui a lieu généralement dans les départements à grande ville, à population urbaine fortement prédominante.

Conclusions et résumé. — D'une façon générale nous pouvons remarquer que les résultats fournis par le département du

Rhône sont relativement très favorables : c'est un département *peu criminel*, surtout si on le compare aux départements similaires, à grande ville, où l'industrie et le commerce sont prédominants, où les agglomérations urbaines avec toutes les causes de démoralisation qui leur sont inhérentes se rencontrent à chaque pas.

De 1825 à 1880, on n'y trouve que 71,48 crimes de toute sorte pour 10.000 habitants, au lieu de 72,56 qu'on trouve en moyenne dans toute la France. De la 1re à la dernière période, la diminution de la criminalité générale y a été aussi un peu plus forte que la diminution moyenne.

C'est surtout pour l'ensemble des crimes contre les personnes que le Rhône fournit d'excellents résultats : il est 46me au classement, avec 24,54 crimes pour 10.000 habitants, au lieu de 26.00 qu'on trouve en France. Dans le Rhône, comme en France, ces crimes sont restés stationnaires, avec légère tendance à l'augmentation.

Parmi ces crimes contre les personnes, les crimes de sang et de violence sont tout particulièrement peu fréquents, et le Rhône est constamment classé dans la dernière moitié : 43me pour les assassinats, 51me pour les meurtres, 51me pour les coups et blessures graves ou suivis de mort, 86me pour les parricides et blessures envers ascendants, 82me pour les empoisonnements, 78me pour les infanticides, 75me pour les viols sur adultes, et 86me et dernier pour les faux témoignages et subornation. Deux fois, nous le voyons, pour les parricides et pour les faux témoignages, notre département est dernier, tandis que pour les assassinats il est relativement peu favorisé.

Mais, pour les viols sur enfants, crime qui se lie si étroitement à la présence de la grande ville, des agglomérations commerciales et industrielles, le Rhône arrive 7me avec 12,02 viols pour 10.000 habitants. En France on n'en trouve que 7,85. L'augmentation constante et rapide de la 1re à la dernière période est pourtant moins forte dans le Rhône, avec 170 pour 100, qu'en France avec 320 pour 100. Ce crime, d'ailleurs, constitue presque à lui seul la moitié des crimes commis contre les personnes dans le Rhône, 605 sur 1.149, de 1825 à 1880 ; et nous le répétons, nous arrivons loin derrière la Seine qui est 1re avec 17,49 pour 10.000 habitants.

Pour les crimes contre les propriétés, au contraire, le Rhône est, comme presque tous les départements à grande ville, assez mal partagé en général. Voici, par ordre décroissant, les crimes contre les propriétés pour lesquels le Rhône est le plus éprouvé : banqueroutes frauduleuses, 6me ; faux en écritures de commerce, 7me ; fausse monnaie, 9me ; vols avec violence hors la voie publique, 10me ; faux en écriture publique, 12me ; abus de confiance (par domestique ou homme de service à gages) 14me ; faux en écriture privée, 26me ; vols sur la voie publique, 27me ; vols domestiques, 28me ; vols qualifiés, 31me ; enfin vols dans les églises, 42me.

C'est donc ce dernier crime qui fournit les résultats les moins mauvais, en exceptant, bien entendu, les incendies pour lesquels le Rhône est parmi les derniers, 83me.

De ces crimes contre les propriétés, la plupart ont été en décroissant plus ou moins vite, surtout les vols domestiques et les vols qualifiés. D'autres, au contraire (faux en écriture de commerce, faux en écriture publique, vols hors la voie publique, et surtout les abus de confiance), ont été s'accroissant plus ou moins régulièrement et rapidement.

Enfin répétons encore que, même pour ces crimes si peu favorables en apparence au département du Rhône, celui-ci reste encore bien moins malmené que la plupart des départements similaires, les Bouches-du-Rhône, par exemple, et surtout la Seine, avec les départements qui l'environnent.

Contrairement aussi à ce que nous observons pour les départements de la vallée de la Seine, qui forment un groupe criminel très net, groupe qu'on peut appeler *Parisien* et se fait remarquer par sa forte criminalité, il existe autour du Rhône un groupe assez étendu de départements à faible criminalité, qui semble suivre les fluctuations du Rhône, et comprend spécialement l'Ain, l'Isère, la Loire et Saône-et Loire. C'est la région qui s'appellerait justement *Lyonnaise* au point de vue de la criminalité, car Lyon semble en diriger le mouvement criminel, en même temps que la région réagit directement sur cette ville par l'étroitesse et la fréquence des relations réciproques, par le nombre considérable d'émigrants que ces départements envoient annuellement à Lyon.

FIN

LYON. — IMPRIMERIE PITRAT AINÉ. RUE GENTIL, 4.

www.ingramcontent.com/pod-product-compliance
Ingram Content Group UK Ltd.
Pitfield, Milton Keynes, MK11 3LW, UK
UKHW021944260726
13994UKWH00004B/1526